BEI GRIN MACHT SICH IHR WISSEN BEZAHLT

- Wir veröffentlichen Ihre Hausarbeit, Bachelor- und Masterarbeit

- Ihr eigenes eBook und Buch - weltweit in allen wichtigen Shops

- Verdienen Sie an jedem Verkauf

Jetzt bei www.GRIN.com hochladen und kostenlos publizieren

Organisationstheorien und Organisationsgestaltung. Der Bürokratieansatz, Unternehmensmetaphern und Kundenorientierung

Violetta Mastel

Bibliografische Information der Deutschen Nationalbibliothek:

Die Deutsche Nationalbibliothek verzeichnet diese Publikation in der Deutschen Nationalbibliografie; detaillierte bibliografische Daten sind im Internet über http://dnb.d-nb.de abrufbar.

ISBN: 9783346760197
Dieses Buch ist auch als E-Book erhältlich.

© GRIN Publishing GmbH
Nymphenburger Straße 86
80636 München

Alle Rechte vorbehalten

Druck und Bindung: Books on Demand GmbH, Norderstedt Germany
Gedruckt auf säurefreiem Papier aus verantwortungsvollen Quellen

Das vorliegende Werk wurde sorgfältig erarbeitet. Dennoch übernehmen Autoren und Verlag für die Richtigkeit von Angaben, Hinweisen, Links und Ratschlägen sowie eventuelle Druckfehler keine Haftung.

Das Buch bei GRIN: https://www.grin.com/document/1292444

EINSENDEAUFGABEN
Organisationstheorien und Organisationsgestaltung

hochgeladen am 26.06.2022
Modul: Organisationstheorien und Organisationsgestaltung
Studiengang: Management (M.Sc.)

Violetta Mastel

Inhaltsverzeichnis

Abbildungsverzeichnis 3
Tabellenverzeichnis 3
Aufgabe 1: 4
Aufgabe 2: 9
Aufgabe 3: 14
Literaturverzeichnis 20

Abbildungsverzeichnis

Abbildung 1: mögliche neue Organisation, S.16

Tabellenverzeichnis

Tabelle 1: Auflistung in der Organisationskommunikation üblicher Organismusmetaphern, S. 9f.

Aufgabe 1:

Einer der ersten Organisationstheoretischen Ansätze war der Bürokratieansatz von Max Weber der 1912 das erste Mal veröffentlicht wurde. Weber beschreibt dabei jede Organisation als Maschine, die steuerbar ist und dadurch das gehorsam sicherstellen kann. Nach Weber selber kann sein Ansatz in drei unterschiedliche Herrschaftsformen untergliedert werden.[1]

Die erste ist die traditionale Herrschaft die auf dem Glauben beruht und z.b. den Papst hervorbringt. Diese Herrschaft ist Gott gewollt und leitet sich aus den Traditionen einer Kultur ab. Als Nächstes die charismatische Herrschaft die darauf beruht, dass man dieser Person vertraut und ihm somit folgt und auf ihn hört. Die letzte Herrschaftsform ist die der legalen Herrschaft. Hier ergibt sich das Recht zu herrschen aus einer formalen Organisation heraus. Es ist nur sinnvoll das diese Person einen Herrschaftsanspruch hat. Webers Ansatz wird von dem Menschenbild „sine ira et studio", also einem Menschen ohne Eifer und Zorn, getragen.

Somit sind die Organisationen, heute auch Unternehmen, keine reinen Gebilde die nur Güter herstellen, sondern Orte mit Herrschaftsausübung und Herrschaftsansprüchen.[2] Dabei gilt die legale Herrschaft als rationale Herrschaft und ist die einzige die als Reinform in der Bürokratie ausgeübt werden kann.

Dabei wird die Bürokratie durch folgende Punkte ausgezeichnet:

- Funktionale Spezialisierung: Die Arbeit die anfällt wird in verschiedene Arbeitsbereiche aufgeteilt, die sich nicht überschneiden. Außerdem werden auch Kompetenzen klar zugewiesen und die Entscheidungsbefugnisse sind strikt voneinander getrennt.
- Kontinuierlicher, regelgebundener Betrieb von Amtsgeschäften: Arbeit wird klar zugeteilt und wiederholt sich regelmäßig.
- Autoritätshierarchie: Die Befehlsgewalten und Kommunikationswege sind genau vorgegeben. An diese muss sich strikt gehalten werden und kann nicht abgewichen werden. Außerdem unterliegt die Amtsführung Regeln und Normen, die für jeden einzelnen gelten.
- Aktenmäßigkeit: Jegliche Kommunikation hatte schriftlich zu erfolgen und wurde in Akten sortiert um so das Kernstück nach Weber zu bilden, das Büro.

---

[1] Vgl. *Weber* 1972, S. 124
[2] Vgl. *von der Oelsnitz* 2005, S. 1384

- Fachgeschultheit: Nach Weber ist einer der zentralen Punkte seiner Theorie, dass jeder der Mitarbeiter ein vorausgesetztes Maß an Wissen haben muss. Dieses Wissen wird über Schulungen vermittelt.

All diese Punkte zusammen sollen dafür sorgen, dass jede Organisation wie eine Maschine funktioniert. Sie soll einige Attribute wie z.b. Schnelligkeit und Eindeutigkeit aufweisen. Außerdem soll sie berechenbar und überprüfbar sein.[3]

Es ist anzunehmen das Weber nur die von ihm beobachtete zunehmende Organisationalisierung in Unternehmen beobachtete und daraus seine Annahmen zog, er passte diese an um das Konzept der Bürokratie zu erschaffen. Wichtig ist dabei dass es diese organisatorischen Grundzüge seiner Annahmen so in Unternehmen bereits gab und er deswegen auch auf die kritischen Effekte der Bürokratie einging. Ein wichtiger Punkt war für ihn auch die Nachteile der Bürokratie zu nennen und die Folgen für Einzelne der Bürokratie. Dabei ist wichtig zu nennen, dass die Bürokratie durch die Schriftlichkeit und Hierarchie die gegeben ist, sehr kalt erscheint. Entscheidungen werden ohne die Betrachtung von Einzelnen getroffen und lassen keine Spielräume für Gefühle.[4]

Die Organisation soll laufen wie eine Maschine, so werden dann auch die einzelnen Teile der Maschine betrachtet. Sollte eine Schädigung vorliegen, muss dieses Teil ersetzt werden und verdinglicht damit den Menschen der in diesem System arbeitet. So kann die Bürokratie auch dazu führen, dass das Regelgehorsam eine Zielerfüllung in den Hintergrund treten lässt. Die einzelnen Mitarbeiter sind damit beschäftigt die anonymisierten Regeln der Organisation zu folgen und sind dadurch nicht mehr in der Lage ihren Fokus auf die Zielerfüllung zu legen. Zum Teil könnte diese auch schneller und effizienter erfüllt werden, wenn der Fokus auf diesem Aspekt liegen würde. Außerdem wird ein notwendiger Wandel in der Organisation verpasst, vergessen oder absichtlich blockiert. Die Umwelt wandelt sich unaufhörlich, auch im Unternehmenskontext. Die Bürokratie unterdrückt durch Ihre Regeln diesen Wandel und somit ein effizientes vorankommen jeder Organisation.[5]

Außerdem kann die Bürokratie noch andere dysfunktionale Wirkungen aufweisen:

- Kompetenzabgrenzung sorgt dafür dass sich nur auf die eigenen Aufgaben fokussiert wird, daraus resultiert eine kaum vorhandene Sensibilität für andere/neue Aufgaben
- Durch die extreme Arbeitsaufteilung entsteht eine Überfokussierung auf Teilprojekte und das übergeordnete Gesamtprojektziel wird oft vernachlässigt

---

[3] Vgl. *Weber* 1972, S. 561f.
[4] Vgl. *von der Oelsnitz* 2005, S. 1385
[5] Vgl. *Schreyögg* 2016, S. 441f.

- Kritik an der Umsetzung der Arbeit wird mit Konformität der Regeln gekontert
- Entscheidungswege sind durch die Aktenmäßigkeit also die schriftliche Kommunikation sehr lang und können dadurch eine geraume Zeit in Anspruch nehmen

Dennoch gilt die Bürokratie als Vorreiter und hat auch noch im 21 Jahrhundert eine Relevanz in der Literatur und der Politik. Auch wenn es erstmal so scheint, als würden die neuen Anforderungen an die Arbeitswelt sich nicht mit denen der Bürokratie einen und Mintzberg 1792 auch den Untergang dieser vorhersagen wollte, ist einiges von Webers Ansatz auch heute noch zu finden.[6] Ein riesiger Faktor der in fast allen Organisationen heute noch angewandt wird ist die Arbeitsteilung. Sowohl bei VW oder anderen großen Konzernen ist die Fließbandarbeit noch heute ein wichtiger Bestandteil der Arbeitsteilung im Konzern. Auch allgemein ist die Arbeitsteilung aus unserer Arbeitswelt nicht weg zu denken. Sowohl die Studienplatzwahl oder die Suche nach einem Arbeitsplatz sind schon eine Spezialisierung nach der Bürokratie. Wir lernen nur das was wir brauchen. Ob wir uns für ein Studienfach wie die Wirtschaftswissenschaften oder einen Ausbildungsplatz in der Industrie entscheiden, die Informationen die wir gegeben bekommen sind für die zukünftige Anstellung maßgeblich und machen jeden einzelnen so zum Spezialisten auf seinem Gebiet. So kann man hier sogar zwei Punkte der Bürokratie sehen. Einmal haben wir die strikte Arbeitsteilung und zum anderen die Fachgeschultheit. So kann jemand der Wirtschaftswissenschaften studiert hat und bei VW arbeitet vielleicht Organisationsprozesse analysieren und darstellen, er kann aber nicht in die Montage gehen und für jemand anderen der die Ausbildung als Maschinenkonstrukteur absolviert hat die einzelnen Teile anbauen und wissen welche Arbeitsschritte wann erforderlich sind.

Auch kann man diesen Punkt noch auf den kontinuierlichen und regelgebundenen Betrieb von Amtsgeschäften ausweiten. Durch die Spezialisierung und die Zuteilung in Abteilungen, meistens mit einer strikteren Autoritätshierarchie, also z.B. einem Teamleiter der wiederum einen Abteilungsleiter über sich stehen hat und dieser einen Bereichsleiter und so weiter bis man beim Organisationsleiter oben ankommt, werden sich viele Aufgaben wiederholen. Meistens ist dass der Fall wenn man in die niedrigeren Hierarchiestufen schaut, wo jeden Tag am Fließband Autos zusammengebaut werden oder Müll sortiert wird, aber auch in den höheren Hierarchien werden sich wiederholende Tätigkeiten wiederfinden.

Auch sind in vielen Unternehmen heute noch Unternehmenshandbücher mit allen Regeln des Unternehmen vorhanden. Hier werden aber auch alle Organisations- und

---

[6] Vgl. *Mintzberg* 1979, S. 431ff.

Arbeitsprozesse niedergeschrieben, sodass jeder jederzeit Zugriff auf diese Informationen haben könnte. In manchen Unternehmen ist dieses Dokument digitalisiert oder noch in Papierform zu bekommen. So oder so dient es der Aktenmäßigkeit eines jeden Arbeitsschrittes. Kommen neue Prozesse hinzu, werden diese zunächst aufgeschrieben und der zuständigen Person vorgelegt. Diese prüft sie auf die Richtigkeit und kann sie unter Umständen ändern, erst dann werden diese Prozesse im Unternehmenshandbuch hinterlegt. Genauso ist es bei Änderungen. Diese Änderungen müssen dokumentiert werden und werden entweder als Änderung mit abgelegt oder der Prozess wird neu dargestellt und dokumentiert. So oder so soll dafür gesorgt werden, dass jederzeit auf die einzelnen Prozesse der Organisation zugegriffen werden kann. Dies erfolgt nicht mehr in der Starrheit wie zu Zeiten der Bürokratie, dennoch ist es oft wiederzufinden.

An der Texas- A&M- Universität gibt es für Reinigungskräfte auch heute noch Regeln, die sehr an die Bürokratie nach Weber angelehnt sind. [7]

- Sollte sich ein Mitarbeiter verspäten oder ist er erkrankt muss dieser sich bis 5:55 Uhr bei seinem Vorgesetzten oder Abteilungsleiter melden und diesen über die Änderung in Kenntnis setzen.
- Sollten die Mitarbeiter dabei erwischt werden sich als krank gemeldet zu haben ohne es zu sein, drohen hier Disziplinarstrafen.
- Klare Weisungsbefugnis ist bei öffnen eines zuvor verschlossenen Büros, muss dieses eigenverantwortlich werden verschlossen werden.
- Bei Aufnahme der Tätigkeit ist das Tragen der Uniform und des Namensschildes verpflichtend.
- Ein „Guten Morgen" den Studenten gegenüber wird erwartet und ist auch als Arbeitsanweisung festgehalten.
- Außerdem müssen mit den Studenten jederzeit nur sehr gute Beziehungen unterhalten werden.

Nicht überall ist die Bürokratie noch so strikt wiederzufinden, jedoch auch heute noch sind viele Ansätze aus Global agierenden Konzernen kaum wegzudenken und werden es die nächsten Jahre auch nicht sein. Die Organisation wandelt sich und man sieht auch immer wieder Mischformen von verschiedenen Ansätzen der Organisation. Dennoch ist die Bürokratie nicht nur damals wichtig gewesen, sondern gilt bis heute als ein wichtiger Schritt in der Organisationslehre. Man kann sagen, dass die Bürokratie in schwächerer Form auch ihre Anwesenheitsberechtigung hat. Schließlich braucht es in

---

[7] Vgl. *Jones/Bouncken* 2008, S. 328.

großen Organisationen mit hohen Umsätzen und vielen Mitarbeitern für ein geordnetes Arbeiten feste, vorgegebene Regeln und Normen und da hilft die Bürokratie.

Aufgabe 2:

Unternehmensmetaphern werden in den verschiedenen Organisationstheorien immer wieder verwendet. Dabei merkt man mit der Weiterentwicklung der Organisationstheorien auch die der Methapern. Anfänglich war in der Bürokratie die Rede von der Organisation als Maschine. Andere Organsiationsmetaphern folgen mit dem Taylorismus und der Annahme der Organisation als Organismus. Auch wird die Organisation häufig mit dem Gehirn verglichen. Also wurde sich von einer dinglichen Sache die nur die Vorgaben ausführt und genau betrachtet austauschbar, eine Entwicklung zu dem Gehirn vollzogen, welches das komplexeste Organ des Menschlichen Körpers darstellt.

Betrachtet wird die Organisation als Organismus. Hierbei wird die Organisation als lebendiges System in einer Umwelt betrachtet. Es soll deutlich werden, dass es nicht mehr nur um ein „technisches" Problem geht, wenn man Organisationen betrachtet, sondern folglich die Arbeitnehmer Bedürfnisse haben.[8]

Diese Bedürfnisse wurden z.B. von Maslow in seiner Bedürfnispyramide dargestellt. Dabei soll auch in der Organisation einer Bedürfnisbefriedigung bis zu einer neuen Ebene, den Angestellten nichts im Wege stehen und weiter noch die Organisation soll diese sogar motivieren und ihnen helfen, dieses ohne einen weiteren monetären Anreiz, zu schaffen.[9]

Bei der Organismusmetapher wird die Organisation in verschiedene Systeme mit ihren Subsystemen aufgeteilt. Auch werden dabei genau wie bei einem Organismus die Umweltfaktoren betrachtet. Hier werden Erfahrungen mit Lebewesen auf Handlungen und Organisationsstrukturen in Organisationen übertragen und versucht eine reduzierte Komplexität zu bewirken und gleichzeitig die Interaktion mit der Umwelt nicht zu vernachlässigen.[10] Dieses angenommene System hat wiederum einzelne Subsysteme, genau wie ein Organismus verschiedene Organe hat die wiederum aus Zellen und Molekülen bestehen. Dabei haben die Zellen und Organismen Regeln und biologische Strukturen, wenn es darum geht Verbindungen zu schaffen und Störungen zu vermeiden.[11] Die Organismusmetapher ist mittlerweile auch im alltäglichen Gebrauch wiederzufinden und macht die Organisation als Organismus für jeden greifbar. Es lassen sich viele Beispiele der Organismusmetaphorik wiederfinden.

---

[8] Vgl. *Reineck, Anderl* 2012, S. 3
[9] Vgl. *Morgan* 1997, S. 57
[10] Vgl. *Wolfslast* 2015, S. 13
[11] Vgl. *Reineck, Anderl* 2012, S.4

Lebenszyklusanalysen	Bei unseren Kontakten vor Ort spüren
Ins Leben gerufen	wir Nachwuchskräfte
Ein lebensechtes Projekt	Nachwuchstalente
Nachhaltige Leistungskultur aktiv leben	Nachwuchslücken
Am Ende ihrer Lebensdauer	Muttergesellschaft
Forschungsstelle ins Leben gerufen	Tochtergesellschaft
Gelebter Alltag	Stromleiter der nächsten Generation
CO_2-Fußabdruck	Grüner Strom
Umweltfußabdruck	Grüne Dienstwagenregelung
Zusammenwachsende Märkte	Angestammte Versorger
Organisches Wachstum	Kundenstamm
Eine in Jahrzehnten gewachsene	Stammmärkte
Organisation	Stammaktie
Bereits gute Früchte tragen	Herzstück der Bildungsinitiative
In unseren reifen Märkten	Organe des Unternehmens
Ausgereifte Form der	Standbein von RWE
Anlagenüberwachung Spürbarer	Mit innovativen Technologien
Gegentrend	kommunizieren

Tabelle 1: Auflistung in der Organisationskommunikation üblicher Organismusmetaphern [12]

Innerhalb der Systemtheorien ist die Kontingenztheorie die, die am Ende in der Forschung am Meisten genutzt wurde. Das Verhalten der Organismen und die einer Organisation könnten nach Burns, kongruent betrachtet werden. Man versucht hier die Umwelt und dessen Veränderungen, sowie die einzelnen Lebenszyklen und verschiedenen Arten der Organismen, auf eine Organisation zu übertragen, umso die Organisationen aufbauen und verstehen zu können. Gerade im Bereich der Organisationsformen ist die optimale Umsetzung nicht davon abhängig ob sie in der Theorie funktioniert, sondern ob die Bedürfnisse dieser auf die Organisation passen. So wird die Organisation erfolgreich sein, wenn die Form der Organisation und das Umfeld zusammen agieren können. So kann es sein das es in der Anwendung mehrere mögliche und auch funktionierende Organisationsformen gibt.[13]

---

[12] Vgl. *Wolfslast* 2015, S. 24f.
[13] Vgl. *Reineck, Anderl* 2012, S. 4

In der Literatur werden vor allem folgende Konfigurationen der Organisationstypen genannt und der Organismusmetapher zugeordnet:[14]

- Maschinenbürokratie: Hierfür müssen sehr stabile Rahmenbedingungen in einer Organisation vorliegen um diese effizient anwenden zu können
- Expertenbürokratie: Diese vereint die zentrale Kontrolle in einer Organisation mit der Erhöhung der Autonomie für das Personal.
- Einfache Struktur: Eine Struktur die aus den notwendigen Personen in einem Unternehmen besteht. Dabei ist es meistens nur der Geschäftsführer oder Organisationsgründer und einem Stab aus unterschiedlichsten Beratern, sowie die Arbeitnehmer, die die einfachsten Arbeiten übernehmen.
- Adhocratie: Hier werden Projektteams gebildet, die auf die Rahmenbedingungen reagieren können. Wenn diese sich ändern, reagieren diese Teams gezielt auf die Änderung. Dadurch wird diese Konfiguration am flexibelsten.

Matrixorganisationen werden dabei am häufigsten eingesetzt, denn es ist möglich für den Zeitraum einzelner Projekte die notwendigen Personen aus bestimmten Stab- oder Liniensystemen zu ziehen und für die Dauer des Projektes an einer anderen Stelle in der Organisation einzusetzen. So können diese Ihre Kenntnisse auf allen Ebenen der Organisation einsetzten. Allerdings fehlt so auch die Zugehörigkeit und es kann dazu führen, dass daraus Konflikte entstehen. Nach der Theorie von Darwin beeinflusst die Evolutionstheorie, die Teil des populationsökologischen Ansatzes ist, auch das Verhalten der Organisationen. Diese sollen wie ein Organismus nur überleben wollen und sind somit ständig auf der Suche nach nutzbaren Ressourcen. Sie müssen besser als die Konkurrenz sein um auf lange Sicht überleben zu können. Die Organisationen müssen die begrenzten Ressourcen für die damit notwendigen Innovationen verwenden, um erfolgreicher als andere Organisationen zu sein.[15]

Die Organismusmetapher hat einige Stärken vorzuweisen. Die Organisation als solche wird im Umweltkontext erfasst und kann auch durch die Organismusmetapher verdeutlichen wie wichtig bestimmte Prozesse für den Erhalt und das Agieren der Organisation sind. Außerdem werden die einzelnen Teile in der Organisation auch als einzelne Systeme berücksichtigt und somit kann auch auf diese kleinen Teile eingegangen werden. Jeder in der Organisation bzw. im Organismus hat Bedürfnisse, diese werden erfasst und können bei Entscheidungen und Veränderungen berücksichtigt werden. So gibt es auch verschiedene Möglichkeiten den eigenen Organismus aufzubauen. Durch die Literatur werden einige Möglichkeiten aufgezeigt, an

---

[14] Vgl. *Reineck, Anderl* 2012, S. 4
[15] Vgl. *Morgan* 1997, S. 93

diese muss sich dennoch nicht strikt gehalten werden, um eine funktionierende Organisation zu haben. Wie auch bei einem Organismus muss lediglich die Kommunikation zwischen den einzelnen Systemen passen, die Systeme als solches sind jedoch beliebig. Außerdem zeigte die Metapher in der Theorie, dass die Organisation kein striktes System ist und sich kontinuierlich verändert, weswegen sich diese Metapher auch so lange gehalten hat. Für die Praxis diente diese Metapher als Vorbild für das Voranschreiten der Organisationsentwicklung und die Bedeutung für die Organisationsstrategien. Außerdem neu und als Stärke zu erwähnen ist die Betrachtung von Organisationen miteinander. Vorher wurden die Organisationen als geschlossenes System betrachtet, jetzt ist auch die Interaktion miteinander wichtig, denn auch Organismen kommunizieren und interagieren miteinander.[16]

Trotz dieser ganzen Stärken hat jede Metapher aber auch Grenzen und somit Schwächen. Jede einzelne Organisation ist künstlich gebildet worden, indem man die Organisation gründetet. Bei Organismen sind diese selbstständig und natürlich entstanden, somit hat jede Zelle und jedes Molekül eine natürliche Ordnung und einen vorgesehenen Platz in diesem Organismus. Bei den Organisationen sind die Systeme veränderlich. Ein weiterer großer Kritikpunkt ist das bestimmte Faktoren wie politisches Geschehen nicht berücksichtigt werden. Auch die Kultur und materielle Umstände finden in der Metapher keine Anwendung. Auch wenn es schwirig wäre diese Metapher so anzupassen, ist es trotzdem notwendig, dass auch solche Faktoren einbezogen werden. Gerade die Politik kann für eine Organisation hilfreich, aber auch problematisch sein. Wichtig jedoch, sie kann die Rahmenbedingungen stellen die für eine Organisation von hoher Relevanz sind. Bei vielen Organisationen ist die Schwierigkeit die Kommunikation, sie sind also keine geschlossene, harmonische Einheit wie ein Organismus. Es ist auch hier wieder nur ein künstlich geschaffener Raum, wodurch Fehler entstehen können. Jedoch impliziert sie, dass die Organisation als Organismus perfekt wäre, schließlich ist alles genauso vorgesehen, wie in der Natur, dass dazu führen kann das manche Personen in der Organisation diese Ideologisieren und möglichen notwendigen Veränderungen im Weg stehen. Außerdem ist ein Problem bei diesem Punkt, dass auf die Einwirkungen von außen nicht reagiert wird, denn man sieht keine Möglichkeit was gegen sie zu tun, denn die Organisation ist ja schließlich genauso richtig, wie sie geschaffen wurde. Außerdem ist die Betrachtung dieser Metapher sehr einseitig gestaltet, sie geht davon aus das Organismen miteinander um die notwendigen Ressourcen streiten und vernachlässigt dabei, das es auch die Möglichkeit gibt das Unternehmen auch zusammenarbeiten und somit Kooperationen miteinander eingehen.

---

[16] Vgl. *Reineck, Anderl* 2012, S. 5

Ein Faktor der Metapher den man allerdings sehr gut thematisieren kann, ist die Veränderung.[17] Denn sowohl Organisationen interagieren miteinander und gleichzeitig auch mit der Umwelt. Nur so kann eine funktionierende Organisation gestaltet werden und auch der Organismus macht genau das.

---

[17] Vgl. *Reineck, Anderl* 2012, S. 5

Aufgabe 3:

In der gegenwärtige Situation der Firma A möchte die Organisation sicherstellen, dass eine Kundenorientierung gewährleistet werden kann. Um die Qualität sichern zu können wird überlegt die Produktionsstätten zu verschieben und den Markt zu erweitern. Die Umstrukturierung soll ein weiteres gezieltes Wachstum der Firma ermöglichen.

Derzeit herrscht in der vorliegenden Firma eine Funktionalorganisation, dass bedeutet dass die Einheiten nach ihren Aufgabengebieten geordnet sind und direkt unter dem Geschäftsführer angeordnet sind. So wird davon ausgegangen, dass die einzelnen Bereiche in z.B. Beschaffung, Produktion, Marketing und ähnliches gegliedert wird, dabei wird nicht zwischen den einzelnen Produkten unterschieden. Bisher hat diese Organisationsstruktur ausgereicht, da durch die geringe Größe die Struktur eine schnelle Abstimmung mit klaren Kommunikationswegen ermöglichte. Außerdem hatte jede Abteilung eine klare Aufgabe und somit Personal welches weitestgehend spezialisiert war.

Eine Funktionalorganisation ist allerdings nur bis zu einem gewissen Punkt sinnvoll. Aufgrund des erhöhten Wettbewerbs und des Planes eine Erhöhung der Produktpalette durchzuführen, kann es sinnvoll sein die Organisation umzugestalten. Es wird davon ausgegangen das bisher ein Einlinien-System besteht. Das bedeutet das jede Instanz nur eine vorgelagerte Instanz hat und somit nur von dieser Weisungen bekommen kann. Jede Abteilung muss ihre Aufgaben selbständig erledigen und hat keine Kontrollinstanz außer die Abteilungsleitung. Ein großer Vorteil dieser Organisation sind die klaren Kommunikationsstrukturen. Es wird immer nach oben oder unten kommuniziert und es ist immer klar wer der nächste Ansprechpartner ist. Allerdings kann das auch dazu führen, dass jede einzelne Instanz über ihre Aufgaben hinaus eben noch diese Verwaltungsangelegenheiten klären muss. Dadurch kann es zu einer starken Beanspruchung der einzelnen Abteilungen kommen. Sinnvoll wäre es zunächst das System zu erweitern. Stabstellen könnten helfen diese Aufgaben zu übernehmen ohne die Struktur zu ändern. Die Firma A möchte jedoch darüber hinaus in neue Produkte investieren. Deswegen ist auch diese kleine Änderung nicht mehr ausreichend. Eine funktionale Organisation kann jedoch zu hohen Kosten führen, durch die fehlende übergreifende Führung, werden hohe Ressourcen in Entscheidungen und bereichsübergreifende Kommunikation gesteckt. Die Koordination und Arbeitsteilung also die Unterscheidung der Abteilungen wird durch die Organisation getrennt.[18] Gerade mit komplexer werdenden Aufgaben kann es zu fehlender Marktorientierung führen. Es

---

[18] Vgl. *Schulte-Zurhausen* 2014, S. 4

fehlt ein Gesamtblick auf das Unternehmensgeschehen. Jeder hat nur die Aufgaben der eigenen Abteilung im Blick und so wird das Konfliktpotenzial und Kommunikationsmängel schnell deutlich. Diesen Überblick gibt es nur in der obersten Führungsebene, wodurch die Organisationsführung sehr hoch belastet wird.[19] So werden die Leitungsaufgaben auf die Organisationsspitze konzentriert, wodurch auch hier eine hohe Arbeitsbelastung auftreten kann. Für die Führungsebene ist es hier schwierig Probleme zu identifizieren, da die Informationen nur Abteilungsgebunden weitergegeben werden. Die Führungspositionen der einzelnen Abteilungen identifizieren ihre Probleme und müssen diese weitergeben, dadurch kann es zu einer Überempfindung dieser Probleme führen. Andere Nachteile können auch die geringer werdende Motivation der Mitarbeiter aufgrund der kaum, vorhandenen Handlungsspielräume sein.[20]

Es gibt verschiedene Organisationsformen die für eine Umstrukturierung in Frage kommen würden. Ziel einer solchen Reorganisation sollte jedoch bei jeder Organisationsform sein eine Steigerung der Effizienz der einzelnen Prozesse und Arbeitsstrukturen zu erreichen.[21] Dazu könnten verschiedene Formen in Frage kommen, wichtig ist dabei sich anzuschauen welche für Firma A am sinnvollsten wäre. Es gäbe die Möglichkeit die Organisation in eine divisionale zu reorganisieren, aber auch eine Matrixorganisation könnte in Frage kommen.

Für eine Matrixorganisation würde sprechen, dass ein Teil der funktionalen Organisation erhalten werden könnte. Außerdem könnten die Produktionsstandorte getrennt betrachtet werden um dadurch eventuell einen oder mehrere Standorte in Deutschland erhalten zu können. So würde die Matrixorganisation in funktionale Einheiten und die regionalen Einheiten eingeteilt werden, in diesem Fall die Standorte bzw. Regionen. Eine andere Möglichkeit wäre die Unterteilung in die funktionalen Einheiten und durch diese Form der Organisation sollen einseitige Interessenvertretungen verhindert werden. Ein Problem bei der Umsetzung der Matrixorganisation in der Firma A könnte das Kommunikationsproblem allerdings nicht lösen. In dieser Form würde zwar die Organisationsspitze entlastet werden, dennoch dürfen Probleme wie die verlangsamte Entscheidungsfindung nicht vernachlässigt werden. Hier können auch noch Macht bzw. Zuständigkeitsstreitigkeiten aufkommen. Außerdem kann es passieren, dass der Koordinationsaufwand, der für eine Matrixorganisation notwendig ist, die der mittelständigen Organisation überschreitet. Für ein globales Unternehmen wäre die Matrixorganisation unumgänglich, hier jedoch beschränkt sich der Markt auf

---

[19] Vgl. *Holtbrügge und Welge* 2015, S. 243
[20] Vgl. *Thommen et al.* 2020, S.516
[21] Vgl. *Schulte-Zurhausen* 2014, S. 5

Deutschland. Auch ist es die erste Reorganisation und eine Markterweiterung, die das Unternehmen gleichzeitig durchführen möchte.[22] Deswegen würde man an dieser Stelle ein andere Organisationsform empfehlen.

Eine andere Möglichkeit die ebenso in Frage kommen sollte ist die divisionale Organisation auch Spartenorganisation genannt.

Die divisionale Organisation gliedert die einzelnen Sparten auf. In diesem Fall wäre für Firma A, diese Organisationsform eine in mehreren Hinsichten sinnvolle Entscheidung. Durch die Erweiterung der Produktpalette muss die Organisationsspitze, diese zusätzlich zu dem aktuellen mit koordinieren und sollte somit eine Entlastung durch die Einteilung der Produkte in Sparten und damit auch die Abgabe von Entscheidungen berücksichtigen. Außerdem möchte die Firma auch neue Märkte erschließen. Deswegen müssen diese von den jetzigen Sportbezogenen getrennt werden um am Markt erfolgreich sein zu können. Eine mögliche divisionale Organisation für die Firma könnte wie folgt aussehen.

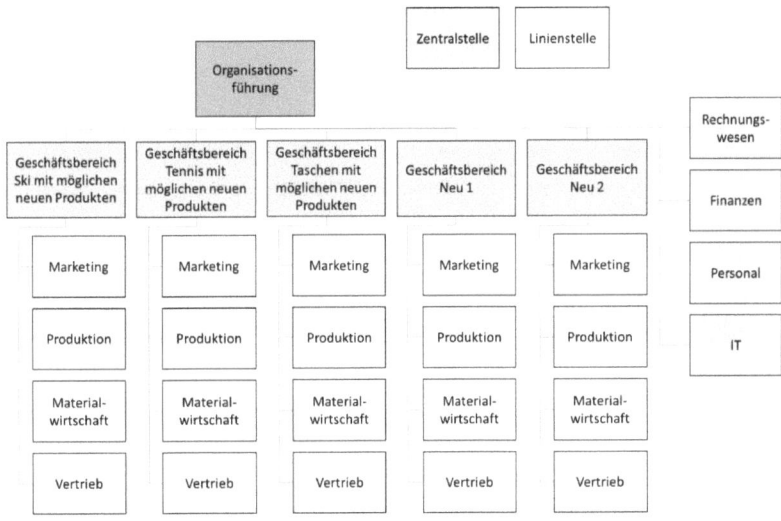

Abbildung 1: mögliche neue Organisation

So kann der Vorteil der divisionalen Struktur optimal genutzt werden und jeder Geschäftsbereich sich einzeln auf die Marktorientierung fokussieren. Mit den einzelnen Divisionen bzw. Sparten werden einzelne Einheiten gebildet, die sich mit den einzelnen

---

[22] Vgl. *Schneider et al.* 2017, S 20ff.

Geschäftsbereichen befassen und somit die Besonderheiten und Kundengruppen genau analysieren. So wird die Konzentration der einzelnen Sparten auf das Wesentliche gelegt und nicht durch andere Aufgaben behindert. Die Firma A möchte in Zukunft eine Differenzierungsstrategie verfolgen und wettbewerbsfähiger werden. Die Strategie der Organisation soll sich auf den Kunden und den Wettbewerber fokussieren. So kann durch die Einrichtung dieser Divisionen eine höhere Marktnähe erreicht werden, wodurch Marktentwicklungen schneller erkannt werden können und auch eine schnellere Reaktion auf diese möglich ist. Durch die einzelnen Sparten ist es möglich eine hohe Flexibilität innerhalb der Organisation zu erzeugen. Jede Sparte kann autonom handeln und eine eigene Strategie für den Markt festlegen. Allerdings sind für jede Sparte Spezialisten notwendig, die den Markt und den Wettbewerb kennen und somit eine Ausrichtung auf das jeweilige Produkt gewährleisten.[23] Diese Organisationsstruktur soll dafür sorgen, dass die Marktorientierung in der Firma A eine höhere Bedeutung bekommt. Sie es also so schafft durch ein näheres handeln am Markt, sich gegen Konkurrenz und Mitbewerber durchzusetzen und dem verschärften Wettbewerb entgegenzuwirken. Die divisionale Struktur ermöglicht dieses marktnahe Arbeiten, durch die einzelnen Divisionen. Diese können unabhängig auf den verschiedenen Märkten handeln und auch auf kurzfristige Marktschwankungen reagieren, ohne andere Einheiten oder die ganze Organisation miteinbeziehen zu müssen. Auch die divisionale Struktur hat Nachteile die berücksichtigt werden müssen. Durch die Aufteilung der einzelnen Divisionen entstehen Synergieeffekte, jede Sparte muss dieselben Bereiche besitzen um als eigene Division handeln zu können. Dadurch werden Arbeiten allerdings oft mehrfach getätigt und die Synergieeffekte nicht genutzt.[24] Dieser Nachteil kann allerdings sogar noch weiter gehen und dazu führen, dass einzelnen Divisionen gegeneinander arbeiten oder das Gefühl haben miteinander im Wettbewerb zu stehen. Hier können zusätzlich Koordinationsschwierigkeiten entstehen und zu Missverständnissen der einzelnen Sparten führen.[25]

Sollte sich für eine Reorganisation in der Firma A endgültig entschieden werden sollte diese sorgfältig geplant werden. Die Aufnahme des Ist-Zustandes und die Analyse der Problematik sollten dabei einen großen Teil ausmachen. Dieser Ist-Zustand sollte bewertet werden um die optimale Organisationsform für das Unternehmen zu finden.[26] Hier wurde oben deutlich gemacht, welche in Frage kämen und eine Empfehlung ausgesprochen. Nach der Planung der Reorganisation und der Entscheidung für eine

---

[23] Vgl. *Schneider et al.* 2017, S 18f.
[24] Vgl. *Schneider et al.* 2017, S 19
[25] Vgl. *Thommen et al.* 2020, S.518
[26] Vgl. *Thommen et al.* 2020, S.533

neue Organisationsstruktur muss der Implementierungsprozess, für die Umsetzung der Umgestaltung der Struktur, beginnen. Nach der Umsetzung sollte jedoch die Organisationsstruktur und auch die Umsetzung im Auge behalten werden und in regelmäßigen Abständen neu geprüft werden. So kann verhindert werden das nach einer Reorganisation bei erneuten Änderungen Chancen durch eine erneute Anpassung verpasst werden.

Mit jeder Veränderungen gehen häufig auch Widerstände einher, die den Reorganisationsprozess verzögern und im schlimmsten Fall auch verhindern könnten, deswegen ist es wichtig auch hier organisiert an die Widerstände heranzutreten um diese aus dem Weg zu räumen und die neue Organisationsstruktur etablieren zu können. Um jeden Beteiligten den geplanten Wandel zu veranschaulichen kann auf das triadische Homoästasemodell von Lewin zurück gegriffen werden. Es ist aufgeteilt in drei Schritte dem Auftauen, der Veränderung und der Stabilisierung. Er möchte die Lösung von der derzeitigen Struktur und den Aufbau einer neuen.[27] Hier wird deutlich dass ein Grund zur Veränderung gegeben sein muss, denn ohne diesen ist es schwierig bis nahezu unmöglich die Beteiligten von dem Prozess der Reorganisation zu überzeugen. Die Auftauphase soll dazu dienen, dass der verantwortliche Change Manager der vorher bestimmt werden muss, zunächst ermittelt welche Organisationsmitglieder sich gegen den Wandel stellen und welche Ursachen für den Widerstand zu identifizieren sind. Das kann aus Sicht der Literatur verschiedene Gründe haben und kann in jeder Reorganisation somit anders aussehen. Wichtige Punkte die einer Berücksichtigung bedürfen können jedoch sein, dass sich Organisationsmitglieder zum Beispiel vernachlässigt in ihren eigenen persönlichen Einstellungen fühlen und sich somit nicht aktiv gegen den Wandel sondern gegen die Vernachlässigung der eigenen Meinung stellen.[28] Eine Möglichkeit hier ist das vier-Augen-Gespräch zu suchen und genau diese persönliche Einstellung zu diskutieren. Weitere Ursachen können auch durch die Übermittlung der Information über die Organisationsveränderung verursacht werden. Gerade durch die Kommunikation mit geringer sozialer und kognitiver Kompetenz kann bei einigen Organisationsmitglieder Wiederstand aufgrund der Bekanntmachung gelöst werden, der nichts mit der Veränderung zu tun hat, sondern damit dass es z.B. als gegeben angesehen wird und möglichen Sorgen und Ängsten keine Aufmerksamkeit geschenkt wird. Als letzten Punkt sollten die unterbewussten Blockaden noch beachtet werden, diese kann durch verschiedene Faktoren wie z.B. den Vertreter des Wandels ausgelöst werden oder durch das grundsätzliche Misstrauen gegenüber der

---

[27] Vgl. *Schreyögg/Noss* 1995, S.171
[28] Vgl. *Argyris* 1970, S. 41ff.

Veränderung.[29] Bei allen Punkten muss auf die Kommunikation in der Organisation geachtet werden und die Organisationsmitglieder als Teil des Wandels berücksichtigt und einbezogen werden.

In der Veränderungsphase wird eine Strategie erarbeitet, die sich auf die Verhaltensbeeinflussung der Organisationsmitglieder bezieht und durch spezifische Ansätze wie Teamtraining versucht die vorher ermittelten Widerstände zu beseitigen.[30] Hier soll durch eigene Mitarbeit an Verbesserungsmöglichkeiten und Fehlersuche im jetzigen System ein Gefühl von Teilnahme am Wandel entstehen. In der letzten der Stabilisierungsphase müssen die vorher erzielten Veränderung noch fixiert werden um eine dauerhafte Auslösung des Widerstandes zu erreichen. Grundsätzlich sind dies nur Handlungsempfehlungen und müssen auf jede Reorganisation angepasst werden.

---

[29] Vgl. *Menzies* 1960, S. 65.
[30] Vgl. *Jones/Bouncken* 2008, S. 31ff.

Literaturverzeichnis

Argyris, C. (1970). *Intervention theory and method: A behavioral science view.* London: Addison-Wesley.

Holtbrügge D. & Welge M.K. (2015). *Internationales Management Theorien, Funktionen, Fallstudien, Auflage 6.* Stuttgart: Schäffer-Poeschel.

Jones, G. R. & Bouncken, R. B. (2008). *Organisation: Theorie, Design und Wandel.* München: Pearson.

Menzies, I.E.P. (1960). *A Case-Study in the Functioning of Social Systems as a Defence against Anxiety: A Report on a Study of the Nursing Service of a General Hospital.*

Morgan, M. (1997). *Images of organization.* Thousand Oaks: Sage Publications.

Mintzberg, H. (1979). *The Structuring of Organizations: A Synthesis of the Research.* Englewood Cliffs NJ: Prentice Hall.

Reineck, U. & Anderl, M. (2012). *Handbuch Prozessberatung: Für Berater, Coaches, Prozessbegleiter und Führungskräfte.* Weinheim: Beltz.

Schneider, B. & González-Romá, V. & Ostroff, C. & West, M. A. (2017). Organizational Climate and Culture: Reflections on the History of the Constructs in JAP

Schulte-Zurhausen, M. (2014). *Organisation, Auflage 6.* München: Vahlen.

Schreyögg, G. (2016). *Grundlagen der Organisation.* Wiesbaden: Springer Gabler.

Schreyögg, G. & Noss, C. (1995). *Organisatorischer Wandel : von der Organisationsentwicklung zur lernenden Organisation, Auflage 2.* Stuttgart: Schäffer-Poeschel.

Thommen, J. P. & Achleitner, A. K. & Gilbert, D. U. & Hachmeister, D. & Jarchow, S. & Kaiser, G. (2020). *Allgemeine Betriebswirtschaftslehre: Umfassende Einführung aus managementorientierter Sicht.* Wiesbaden: Springer Fachmedien.

Von der Oelsnitz, D. (2005). *Das Bürokratiemodell von Max Weber – noch gültig in der globalen Wissensgesellschaft?*

Weber, M. (1972). *Wirtschaft und Gesellschaft: Grundriss der verstehenden Soziologie.* Tübingen: Mohr.

Wolfslast, M. (2015). *Bilder der Organisation in unterschiedlichen Diskursfeldern: Eine Korrespondenzanalyse von Metaphern in Unternehmensberichten.*

BEI GRIN MACHT SICH IHR WISSEN BEZAHLT

- Wir veröffentlichen Ihre Hausarbeit, Bachelor- und Masterarbeit

- Ihr eigenes eBook und Buch - weltweit in allen wichtigen Shops

- Verdienen Sie an jedem Verkauf

Jetzt bei www.GRIN.com hochladen und kostenlos publizieren